A Tale of Love and Loss: Short Stories for Swedish Language Learners

Artici Bilingual Books

Published by Artici Bilingual Books, 2024.

While every precaution has been taken in the preparation of this book, the publisher assumes no responsibility for errors or omissions, or for damages resulting from the use of the information contained herein.

A TALE OF LOVE AND LOSS: SHORT STORIES FOR SWEDISH LANGUAGE LEARNERS

First edition. May 1, 2024.

ISBN: 979-8224229833

Written by Artici Bilingual Books.

Table of Contents

Patisseriet av Själslig Ro

I den pittoreska staden Älmhult, belägen mitt bland de frodiga landskapen i södra Sverige, stod en charmig patisserie som helt enkelt kallades "Serenity". Dess väderbitna fasad, smyckad med slingrande murgröna och målad i pastellfärger, viskade sagor om sötma och värme till alla som passerade förbi. Inuti blandades doften av nyligen bakade bakverk med doften av bryggt kaffe och skapade en oemotståndlig inbjudan till alla som sökte tröst och njutning.

Vid rodret för Serenity stod den gåtfulla Signe Larsson, en kvinna med enastående smak och gränslös kreativitet. Med sitt mjuka leende och glittrande ögon välkomnade Signe varje besökare in i sin värld av konfektyr med en äkta gästfrihet. Bakom disken lockade hyllorna med en rad delikatesser, från smuliga croissanter pudrade med florsocker till dekadenta chokladtryfflar som glittrade som juveler.

En kylig morgon, när solen kastade sina gyllene strålar över kullerstensgatorna, anlände en främling till Älmhult. Med en slitna resväska i handen och en blick av trött beslutsamhet i sina ögon snubblade han över Serenity, dragen av dess oemotståndliga lockelse. Hans namn var Henrik, en resenär på jakt efter vila från vägens prövningar.

När Henrik steg in i Serenity, fann han sig innesluten i en känsla av frid som han aldrig tidigare känt. Det mjuka sorlet av samtal och det försiktiga klirret från porslin fyllde luften och lugnade hans trötta själ med varje förfluten ögonblick. När han närmade sig disken vidrördes han av den synen av läckerheter som visades upp.

Signe, alltid den skarpa iakttagaren, märkte Henriks trötta uppträdande och närmande sig honom med ett varmt leende. "Välkommen till Serenity," sa hon, hennes röst lika mjuk som fjärilsvings fladdrande. "Vad kan jag erbjuda dig idag?"

Henrik tvekade ett ögonblick, hans blick dröjde vid det varierade utbudet av bakverk framför honom. "Jag är inte säker," erkände han, hans röst präglad av osäkerhet. "Jag har aldrig varit särskilt förtjust i sötsaker." Signe skrattade mjukt, en melodisk ljud som tycktes dansa i luften. "Åh, men kanske har du helt enkelt inte hittat rätt njutning ännu," sa hon, hennes ögon glittrade av skoj. "Låt mig visa dig till ett bord, och vi ska hitta något som passar din smak."

Med en mjuk hand ledde Signe Henrik till ett mysigt hörnbord badat i solljus som strömmade genom spetsgardinerna. När Henrik slog sig ner kunde han inte låta bli att förundras över den frid som omgav honom, som en varm omfamning en kall vinterdag.

Ögonblick senare återvände Signe med en bricka lastad med en mängd olika godsaker, var och en mer lockande än den förra. "Låt mig introducera dig till våra specialiteter," sa hon, hennes röst mjuk av förväntan. "Vi har kanelbullar nyligen bakade på morgonen och kryddade med bara en antydan av kardemumma. Och så har vi våra signaturmandeltårtor, fyllda med len frangipane och toppade med ett delikat aprikosgeler."

Henriks mun vattnades vid synen och doften av bakverken framför honom, var och en ett konstverk i sig. Med en känsla av förundran sträckte han ut handen och valde en kanelbulle, dess gyllene yttre pudrad med ett strö av kanelsocker. När han tog sin första tugga exploderade en symfoni av smaker på hans tunga, fyllande honom med en känsla av glädje och tillfredsställelse han hade trott att han länge hade förlorat.

Under timmar dröjde Henrik kvar i Serenity, njutande av varje tugga och sugande in den fridfulla atmosfären som omgav honom. I närvaro av Signe och hennes läckerheter verkade världens bekymmer och sorger smälta bort, vilket lämnade bara en djup känsla av frid i deras spår.

När solen började gå ner och skuggorna förlängdes över kullerstensgatorna reste sig Henrik äntligen från sin plats, hans humör lyft och hans hjärta fullt. Med ett tacksamt leende vände han sig till Signe och uttalade ord av tacksamhet för det fristad hon hade gett honom.

Signe återvände hans leende med ett av sina egna, hennes ögon glittrade av värme och förståelse. "Det var ett nöje att servera dig, kära vän," sa hon, hennes röst mjuk men fylld av äkta ömhet. "Kom ihåg, oavsett var livet kan ta dig, kommer du alltid att ha ett hem här på Serenity."

Med en sista nick av tacksamhet tog Henrik farväl av Serenity och staden Älmhult, med vetskapen om att han skulle bära minnena av sin tid där med sig för alltid. Och som han fortsatte sin resa in i det okända bar han med sig inte bara smaken av Signes bakverk utan också den eviga känslan av frid som hade berört hans själ den ödesdigra dagen.

The Patisserie of Serenity

In the quaint town of Älmhult nestled amidst the lush landscapes of southern Sweden, there stood a charming patisserie known simply as "Serenity." Its weathered facade, adorned with creeping ivy and painted in hues of pastel, whispered tales of sweetness and warmth to all who passed by. Inside, the aroma of freshly baked pastries mingled with the scent of brewed coffee, creating an irresistible invitation to all who sought solace and indulgence.

At the helm of Serenity was the enigmatic Signe Larsson, a woman of impeccable taste and boundless creativity. With her gentle smile and twinkling eyes, Signe welcomed each patron into her world of confectionery delights with an air of genuine hospitality. Behind the counter, shelves adorned with an array of delicacies beckoned, from flaky croissants dusted with powdered sugar to decadent chocolate truffles that glistened like jewels.

One brisk morning, as the sun cast its golden rays upon the cobblestone streets, a stranger arrived in Älmhult. With a worn suitcase in hand and a look of weary determination in his eyes, he stumbled upon Serenity, drawn by the irresistible allure of its inviting facade. His name was Henrik, a traveler in search of respite from the trials of the road.

Upon entering Serenity, Henrik found himself enveloped in a sense of tranquility unlike any he had ever known. The soft murmur of conversation and the gentle clink of china filled the air, soothing his weary soul with each passing moment. As he approached the counter, his eyes widened in awe at the sight of the delectable treats on display.

Signe, ever the astute observer, noticed Henrik's weary demeanor and approached him with a warm smile. "Welcome to Serenity," she said, her voice as soft as the flutter of a butterfly's wings. "What can I offer you today?"

Henrik hesitated for a moment, his gaze lingering over the assortment of pastries before him. "I'm not sure," he admitted, his voice tinged with uncertainty. "I've never been much of a sweet tooth."

Signe chuckled softly, a melodious sound that seemed to dance upon the air. "Ah, but perhaps you simply haven't found the right indulgence yet," she said, her eyes twinkling with mischief. "Let me show you to a table, and we'll find something that suits your palate."

With a gentle hand, Signe led Henrik to a cozy corner table bathed in sunlight streaming through the lace-curtained windows. As Henrik settled into his seat, he couldn't help but marvel at the serenity that enveloped him, like a warm embrace on a cold winter's day.

Moments later, Signe returned with a tray laden with an assortment of treats, each more enticing than the last. "Allow me to introduce you to our specialties," she said, her voice soft with anticipation. "We have the cinnamon buns freshly baked this morning and infused with just a hint of cardamom. And then there's our signature almond tarts, filled with velvety frangipane and topped with a delicate apricot glaze."

Henrik's mouth watered at the sight and scent of the pastries before him, each one a work of art in its own right. With a sense of wonder, he reached out and selected a cinnamon bun, its golden exterior dusted with a sprinkle of cinnamon sugar. As he took his first bite, a symphony of flavors exploded upon his tongue, filling him with a sense of joy and contentment he had thought long lost.

For hours, Henrik lingered in Serenity, savoring each bite and soaking in the tranquil atmosphere that surrounded him. In the presence of Signe and her delectable creations, the worries and cares of the world seemed to melt away, leaving only a profound sense of peace in their wake.

As the sun began to set and the shadows lengthened across the cobblestone streets, Henrik finally rose from his seat, his spirits lifted and his heart full. With a grateful smile, he turned to Signe and spoke words of thanks for the sanctuary she had provided him.

Signe returned his smile with one of her own, her eyes sparkling with warmth and understanding. "It was my pleasure to serve you, dear friend," she said, her voice soft but filled with genuine affection. "Remember, no matter where life may take you, you will always have a home here at Serenity."

With a final nod of gratitude, Henrik bid farewell to Serenity and the town of Älmhult, knowing that he would carry the memories of his time there with him forever. And as he journeyed onward into the unknown, he carried with him not only the taste of Signe's pastries but also the enduring sense of serenity that had touched his soul on that fateful day.

Melankolin av Midsommar i Skogsbo

I hjärtat av Sverige, där viskande tallar svajar i harmoni med vindens nycker, ligger den lilla byn Skogsbo. Tiden, som en motvillig flod, flöt lättsamt genom dess kullerstensgator och bar med sig drömmarna och längtansfulla önskningar från dess invånare. Luften var tung av tallens doft och melankolin från midsommartiden, en tid när solen knappt doppade under horisonten och himlen rodnade i rosa och guld.

I byns utkant stod en anspråkslös stuga, dess åldriga fasad väderbiten av årens gång. Inom dess väggar bodde en gammal man vid namn Henrik, vars dagar ägnades åt att väva sagor lika intrikata som mönstren på hans älskade frus vävnader, nu blekta av ålder.

Henrik var en man av ensamhet, hans sällskap eftertraktades endast av de karaktärer som dansade inom sidorna av hans böcker och minnena som lingered som skuggor i hans sinne. Varje dag skulle han sitta vid fönstret, hans ögon spårande världens rörelser utanför, medan hans tankar vandrade genom labyrinten av hans förflutna.

En midsommarafton, när byn vimlade av förberedelser inför festligheterna, fann Henrik sig lockad av minnena från sin ungdom, då han var bara en pojke förtrollad av kärlekens förhäxningar. Han mindes Astrids strålande skönhet, dottern till byns apotekare, vars skratt var lika melodiskt som fåglarnas sånger vid gryningen.

Med ett tungt hjärta retracerade Henrik stegen från sin ungdom, vandrande genom de bekanta stigarna i Skogsbo tills han nådde den övervuxna trädgården vid Astrids barndomshem. Där, mitt bland de snärjda rankorna och glömda blommorna, fann han henne, hennes ögon en spegel av midsommarmelankolin.

"Astrid," viskade han, hans röst en blott ekon av den pojke han en gång var.

Hon vände sig till honom, hennes blick försiktig av tidens passage, och i den stunden smälte åren bort som snö under sommarsolen. De talade om längesedan dagar, om drömmar som lämnats osagda, och om en kärlek som hade tålmodigt utstått avstånd och tid.

När himlen målade sig i skymningens nyanser fann sig Henrik och Astrid dansande till sina minnen, deras steg vacklande men fyllda av en längtansfull grace. I varandras famn fann de tröst mitt i midsommarmelankolin, deras hjärtan förenade som murgrönan som prytt deras ungdoms väggar.

Och så, när den sista tonerna av musiken föll bort i natten, tog Henrik och Astrid farväl av spökena från sitt förflutna, med vetskapen om att även mitt i ensamheten skulle kärleken alltid hitta ett sätt att blomstra mitt i tidens ruiner.

I hjärtat av Sverige, där viskande tallar svajar i harmoni med vindens nycker, ligger den lilla byn Skogsbo. Och mitt i dess mitt, mitt i midsommarmelankolin, fann två själar skydd i varandras kärlek, deras historia vävd in i tidens tyg likt trådarna i en glömd vävnad.

The Melancholy of Midsummer in Skogsbo

In the heart of Sweden, where the whispering pines sway in harmony with the whims of the wind, lies the small village of Skogsbo. Time, like a reluctant river, flowed lazily through its cobblestone streets, carrying with it the dreams and desires of its inhabitants. The air was thick with the scent of pine and the melancholy of Midsummer, a time when the sun barely dips below the horizon and the sky blushes with hues of pink and gold.

At the edge of the village stood a modest cottage, its timeworn façade weathered by the passage of years. Within its walls dwelled an old man named Henrik, whose days were spent weaving tales as intricate as the patterns on his beloved wife's tapestries, now faded with age.

Henrik was a man of solitude, his companionship sought only by the characters that danced within the pages of his books and the memories that lingered like shadows in his mind. Each day, he would sit by the window, his eyes tracing the movements of the world outside, while his thoughts meandered through the labyrinth of his past.

One Midsummer's Eve, as the village bustled with preparations for the festivities, Henrik found himself drawn to the memories of his youth, when he was but a boy enraptured by the enchantments of love. He recalled the radiant beauty of Astrid, the daughter of the village apothecary, whose laughter was as melodious as the songs of the birds at dawn.

With a heavy heart, Henrik retraced the steps of his youth, wandering through the familiar paths of Skogsbo until he reached the overgrown garden of Astrid's childhood home. There, amidst the tangled vines and forgotten blooms, he found her, her eyes a mirror to the melancholy of Midsummer.

"Astrid," he whispered, his voice a mere echo of the boy he once was.

She turned to him, her gaze softened by the passage of time, and in that moment, the years melted away like snow beneath the summer sun. They spoke of days long gone, of dreams left unspoken, and of a love that had endured the trials of distance and time.

As the sky painted itself in hues of twilight, Henrik and Astrid found themselves dancing to the rhythm of their memories, their steps faltering yet filled with a grace born of longing. In each other's embrace, they found solace amidst the melancholy of Midsummer, their hearts entwined like the ivy that adorned the walls of their youth.

And so, as the last strains of music faded into the night, Henrik and Astrid bid farewell to the ghosts of their past, knowing that even in the midst of solitude, love would always find a way to bloom amidst the ruins of time.

In the heart of Sweden, where the whispering pines sway in harmony with the whims of the wind, lies the small village of Skogsbo. And within its midst, amidst the melancholy of Midsummer, two souls found refuge in the embrace of each other's love, their story woven into the fabric of time like the threads of a forgotten tapestry.

Ekot av Österlen

I Österlens rullande kullar, där de gyllene vetefälten vaggar i den mjuka brisen och doften av vilda blommor parfymerar luften, ligger den pittoreska byn Ängslunda. Inbäddad bland den frodiga grönskan, med sina röda trähus och slingrande kullerstensgator, är det en plats orörd av tiden, där ekot från det förflutna dröjer kvar i varje hörn.

I hjärtat av Ängslunda står en väderbiten stuga, dess timmer slitet av årens gång och minnena som den hyser inom sina väggar. Det är här som Elsa Lindgren bor, en kvinna vars ålder inte kan mätas av rynkorna ingraverade i hennes ansikte utan av de berättelser hon bär i sitt hjärta.

Elsa är en minnets väktare, en beskyddare av det förflutna vars dagar ägnas åt att väva sagor lika intrikata som mönstren på de traditionella mattor hon ömt skapar. Med varje knut och stygn andas hon liv i sina förfäders historier, vars röster ekar genom tidens korridorer som viskningar i vinden.

En sommarkväll, när solen doppade under horisonten och himlen brann i nyanser av orange och rosa, fann Elsa sig lockad av minnena från sin ungdom. Hon mindes barndomens dagar, spenderade vandrande genom Österlens fält, hennes hjärta fyllt av drömmar lika omfattande som de oändliga himlarna ovanför.

Med en längtan i sin själ retracerade Elsa ungdomens stigar, vandrande genom de bekanta gatorna i Ängslunda tills hon nådde Östersjöns strand. Där, mitt bland de karga klipporna och vågornas kraschande, fann hon sig transporteras tillbaka till en längesedan glömd tid, när kärleken var blott ett flyktigt löfte viskat på havsbrisen.

Det var där, mitt i den saltkyssade luften och måsarnas skrik, som Elsa mötte Lars, en ung fiskare med ögon lika blå som vattnet som sträckte sig framför dem. I honom fann hon en själsfrände, en själ vars längtan speglade hennes egen, och tillsammans begav de sig ut på en resa som skulle förändra deras livs förlopp för evigt.

Deras kärlek var som tidvattenets ebb och flod, oberäknelig men obeveklig, och när de dansade under stjärnbeströdda himlar visste de att deras hjärtan för alltid var sammanlänkade av ödets trådar. Men ödet, likt de nyckfulla vindarna som svepte över havet, hade andra planer i beredskap, och snart sattes deras kärlek på prov av krafter utanför deras kontroll.

När åren gick och säsongerna förändrades, fann sig Elsa och Lars ifrån varandra rivna av ödets grymma hand, deras hjärtan delade av det vidsträckta ocean som skilde dem åt. Ändå, mitt i smärtan och längtan, fortsatte deras kärlek.

Och så, när solen återigen steg över Österlens stränder, återvände Elsa till sin stuga i Ängslunda, hennes hjärta tungt av minnen men fyllt av en känsla av frid som bara kunde komma från vetskapen om att kärleken, likt vågorna som kraschade mot stranden, är evig i sin essens.

I Österlens rullande kullar, där de gyllene vetefälten vaggar i den mjuka brisen och doften av vilda blommor parfymerar luften, ligger den pittoreska byn Ängslunda. Och inom dess mitt, mitt i det förflutnas ekon och vindens viskningar, fortsätter en kvinnas kärlekshistoria att ingraveras i tidens sand.

Echoes of Österlen

In the rolling hills of Österlen, where the golden wheat fields sway in the gentle breeze and the scent of wildflowers perfumes the air, lies the quaint village of Ängslunda. Nestled amidst the lush greenery, with its red wooden houses and winding cobblestone streets, it is a place untouched by time, where the echoes of the past linger in every corner.

At the heart of Ängslunda stands a weathered cottage, its timbers worn by the passage of years and the memories it harbors within its walls. It is here that Elsa Lindgren lives, a woman whose age cannot be measured by the wrinkles etched upon her face but by the stories she carries in her heart.

Elsa is a keeper of memories, a guardian of the past whose days are spent weaving tales as intricate as the patterns of the traditional rugs she lovingly crafts. With each knot and stitch, she breathes life into the stories of her ancestors, whose voices echo through the corridors of time like whispers in the wind.

One summer's eve, as the sun dipped below the horizon and the sky blazed with hues of orange and pink, Elsa found herself drawn to the memories of her youth. She recalled the days of her childhood, spent wandering through the fields of Österlen, her heart filled with dreams as vast as the endless skies above.

With a longing in her soul, Elsa retraced the paths of her youth, wandering through the familiar streets of Ängslunda until she reached the shore of the Baltic Sea. There, amidst the rugged cliffs and crashing waves, she found herself transported back to a time long forgotten, when love was but a fleeting promise whispered upon the sea breeze.

It was there, amidst the salt-kissed air and the cries of the gulls, that Elsa met Lars, a young fisherman with eyes as blue as the waters that stretched out before them. In him, she found a kindred spirit, a soul whose yearnings mirrored her own, and together they embarked upon a journey that would change the course of their lives forever.

Their love was like the ebb and flow of the tide, unpredictable yet undeniable, and as they danced beneath the starlit sky, they knew that their hearts were forever bound by the threads of destiny. But fate, like the capricious winds that swept across the sea, had other plans in store, and soon their love was put to the test by forces beyond their control.

As the years passed and the seasons changed, Elsa and Lars found themselves torn apart by the cruel hand of circumstance, their hearts divided by the vast expanse of the ocean that separated them. Yet, amidst the pain and the longing, their love endured.

And so, as the sun rose once more over the shores of Österlen, Elsa returned to her cottage in Ängslunda, her heart heavy with the weight of memories yet filled with a sense of peace that could only come from knowing that love, like the waves that crashed upon the shore, is eternal in its essence.

In the rolling hills of Österlen, where the golden wheat fields sway in the gentle breeze and the scent of wildflowers perfumes the air, lies the quaint village of Ängslunda. And within its midst, amidst the echoes of the past and the whispers of the wind, one woman's love story remains etched upon the sands of time.

Det Mystiska Fallet med Fru Lundgrens Försvunna Katt

I den pittoreska staden Malmö, inbäddad längs den södra kusten av Sverige, bodde en kvinna vid namn Fru Lundgren. Hon var en änka av mild karaktär och ett hjärta lika vidsträckt som den svenska himlen, hennes dagar tillbringades med att vårda sitt mysiga hus inbäddat mitt i en trädgård av livliga blommor.

Fru Lundgrens liv var lugnt, fyllt med enkla nöjen och de sporadiska besöken från hennes grannar, som ofta sökte hennes visdom och tröst i svåra tider. Men det var hennes kamrat, en liten tabby katt vid namn Sven, som bäst lyckades glädja hennes dagar med sina lekfulla upptåg och varma spinner.

En frisk höstmorgon, när Fru Lundgren gick igenom sin dagliga rutin med att vattna sin älskade trädgård och förbereda en kastrull med ångande kaffe, märkte hon något fel. Sven, som vanligtvis var vid hennes sida vid denna tidpunkt, var ingenstans att hittas.

Orolig sökte Fru Lundgren igenom varje vrå av sitt hus och trädgård, ropande hans namn med en ton av oro. Men Sven förblev undflyende, hans frånvaro kastade en skugga över hemmets fridfullhet.

Besluten att hitta sin kattvän gav sig Fru Lundgren ut på ett uppdrag som skulle ta henne till Malmös avlägsna hörn, hennes hjärta tungt av ovisshetens börda. Hon vandrade genom de slingrande gatorna och livliga marknaderna, hennes ögon skannande folkmassorna efter något tecken på Svens bekanta rödgula päls.

På vägen mötte Fru Lundgren en färgstark ensemble av karaktärer, var och en med sina egna historier och hemligheter att dela. Det fanns Lars, den joviala bagaren med en förkärlek för historieberättande och en förkärlek för nybakade kanelbullar; Anna, den snälla floristen vars butik svämmade över av blommor i alla tänkbara nyanser; och Gustav, den gåtfulla konstnären vars målningar fångade Malmös skönhetens essens med varje penseldrag.

När Fru Lundgren djupnade i sin sökning upptäckte hon snart att Svens försvinnande bara var toppen på isberget, för Malmö var en stad fylld av mysterier som väntade på att lösas upp. Från det nyfikna fallet med den försvunna cykeln till de viskande ryktena om ett hemsökt vindkammare i det gamla rådhuset, fanns det ingen brist på intriger att finna mitt bland kullerstensgatorna och pittoreska gränderna.

Beväpnad med inget annat än sitt obändiga mod och en orubblig beslutsamhet gav sig Fru Lundgren ut för att avslöja sanningen bakom Svens försvinnande, hennes resa ledde henne till platser hon aldrig hade kunnat föreställa sig och avslöjade hemligheter hon aldrig hade kunnat förstå.

Med varje dag som gick tog Fru Lundgrens sökande henne längre och längre från hemmet, ändå förlorade hon aldrig hoppet om att återförenas med sin älskade Sven. Och faktiskt, som ödet ville ha det, var det under hennes mörkaste timme som hon snubblade över ett ledtråd som skulle leda henne till de svar hon sökte.

I ett bortglömt hörn av Malmös historiska kvarter, snubblade Fru Lundgren över en liten gränd kantad av gamla ekträd, deras grenar sträckande sig mot himlen som knotiga fingrar som greppade efter himlen. Det var där, mitt bland de viskande löven och det fläckiga solljuset, som hon hittade Sven, hans smaragdgröna ögon skimrande av lättnad vid synen av sin kära vän.

Överlycklig lyfte Fru Lundgren upp Sven i sina armar, hans varma päls en tröstande närvaro mot hennes bröst. Och när de återvände hem, solen som gick ner i en explosion av gyllene nyanser ovanför, kunde inte Fru Lundgren låta bli att känna en känsla av tacksamhet för den resa som hade fört dem samman en gång till.

The Curious Case of Mrs. Lundgren's Missing Cat

In the picturesque city of Malmö, nestled along the southern coast of Sweden, there lived a woman named Mrs. Lundgren. She was a widow of gentle demeanor and a heart as vast as the Swedish sky, her days spent tending to her cozy cottage nestled amidst a garden of vibrant blooms.

Mrs. Lundgren's life was a quiet one, filled with simple pleasures and the occasional visit from her neighbors, who would often seek her wisdom and comfort in times of need. But it was her companion, a small tabby cat named Sven, who brought the most joy to her days with his playful antics and warm purrs.

One crisp autumn morning, as Mrs. Lundgren set about her daily routine of watering her beloved garden and preparing a pot of steaming coffee, she noticed something amiss. Sven, usually at her side at this hour, was nowhere to be found.

Concerned, Mrs. Lundgren searched every nook and cranny of her cottage and garden, calling out his name in a voice tinged with worry. But Sven remained elusive, his absence casting a shadow over the tranquility of her home.

Determined to find her feline friend, Mrs. Lundgren embarked on a quest that would take her to the far corners of Malmö, her heart heavy with the weight of uncertainty. She wandered through the winding streets and bustling marketplaces, her eyes scanning the crowds for any sign of Sven's familiar ginger fur.

Along the way, Mrs. Lundgren encountered a colorful cast of characters, each with their own stories and secrets to share. There was Lars, the jovial baker with a penchant for storytelling and a fondness for freshly baked cinnamon buns; Anna, the kind-hearted florist whose shop overflowed with blooms of every hue imaginable; and Gustav, the enigmatic artist whose paintings captured the essence of Malmö's beauty with each stroke of his brush.

As Mrs. Lundgren delved deeper into her search, she soon discovered that Sven's disappearance was just the tip of the iceberg, for Malmö was a town teeming with mysteries waiting to be unraveled. From the curious case of the missing bicycle to the whispered rumors of a haunted attic in the old town hall, there was no shortage of intrigue to be found amidst the cobblestone streets and quaint alleyways.

Armed with nothing but her indomitable spirit and an unshakeable determination, Mrs. Lundgren set out to uncover the truth behind Sven's disappearance, her quest leading her to places she never could have imagined and revealing secrets she never could have fathomed.

With each passing day, Mrs. Lundgren's search took her further and further from home, yet she never once lost hope that she would be reunited with her beloved Sven. And indeed, as fate would have it, it was during her darkest hour that she stumbled upon a clue that would lead her to the answers she sought.

In a forgotten corner of Malmö's historic quarter, Mrs. Lundgren stumbled upon a small alleyway lined with ancient oak trees, their branches reaching towards the sky like gnarled fingers grasping for the heavens. It was there, amidst the whispering leaves and dappled sunlight, that she found Sven, his emerald eyes shining with relief at the sight of his dear companion.

Overjoyed, Mrs. Lundgren scooped Sven into her arms, his warm fur a comforting presence against her chest. And as they made their way back home, the sun setting in a blaze of golden hues overhead, Mrs. Lundgren couldn't help but feel a sense of gratitude for the journey that had brought them together once more.

Stockholms gator

I Stockholms hjärta, där de smala kullerstensgatorna slingrar sig genom staden som livets pulserande ådror, ligger en värld av skuggor och hemligheter dolda under fasaden av storslagenhet och glamour. Det är en plats där ekot från det förflutna dröjer kvar i gränderna, där doften av kaffe blandas med den skarpa känslan av förväntan, och där gränsen mellan sanning och fiktion suddas ut för varje förfluten ögonblick.

Bland folkmassorna som befolkar de livliga gatorna finns en man vid namn Erik, en gestalt omgiven av mysterium och intriger. Lång och smal, med ögon lika mörka som nattens himmel och en blick som genomborrar lagren av pretentiösitet, rör han sig genom staden som en spöke, hans steg tysta mot kullerstenarna.

Erik är en man av få ord, hans tystnad ett sköld som skyddar honom från de nyfikna blickarna och utforskande frågorna från dem som söker lösa gåtan av hans förflutna. Han är en nattens varelse, en skugga som fladdrar mellan neonljusen och byggnadernas skymmande skuggor, hans närvaro känns men aldrig helt sedd.

En höstkväll, när staden låg insvept i en mantel av mörker och gatorna myllrade av liv och rörelse, fann sig Erik lockad till Riddarfjärdens stränder, där vattnet skimrade i månskenet som flytande silver. Det var där, mitt bland vindens viskningar och vågornas kluckande mot stranden, som han mötte henne.

Hennes namn var Ingrid, en kvinna vars skönhet var lika slående som de fladdrande ljusen som dansade på vattenytan. Med sitt flammande röda hår och ögon lika gröna som Sveriges djupaste skogar, utstrålade hon en känsla av vitalitet och passion som drog Erik till henne som en fjäril till en låga.

Ingrid var inte som någon annan Erik någonsin hade träffat, hennes skratt en melodi som ekade genom natten och hennes anda en naturkraft som trotsade alla försök att tämja den. Hon var en fri själ, obunden av samhällets begränsningar och orädd för att jaga sina drömmar, oavsett vart de än kunde leda.

När dagarna förvandlades till veckor och veckorna till månader fann Erik sig själv falla under Ingrids förtrollning, hans hjärta öppnande sig för känslor han länge trott vara begravda under ytan. Tillsammans utforskade de Stockholms gömda hörn, deras steg lämnade spår av deras närvaro som smulor i mörkret.

Men under ytan av deras spirande romans lurade skuggor av tvivel och osäkerhet, spöken från Eriks förflutna som hotade att riva dem isär. Han var en man plågad av demoner han inte kunde namnge, ett förflutet som var insvept i hemlighetsmakeri och skam, och trots allt han försökte kunde han inte fly från sitt eget skapade spöke.

En ödesdiger natt, när staden låg insvept i midnattens stillhet och stjärnorna blinkade som avlägsna vakter, fattade Erik ett beslut som skulle förändra hans livs förlopp för alltid. Med ett tungt hjärta och en känsla av resignerad tyngd i själen tog han farväl av Ingrid, med vetskapen om att han aldrig kunde bli den man hon behövde honom vara.

Och så, när den första morgonens ljus bröt över takåsarna i Stockholm, försvann Erik in i skuggorna från vilka han kom, lämnande efter sig inget annat än minnen och ånger i sitt spår. För i en stad där sanningen är blott en flyktig illusion och verkligheten en skör konstruktion är vissa skuggor dömda att förbli för alltid gömda från ljuset.

Och mitt i livets virrvarr finns de som går i skuggorna, deras berättelser vävda in i stadens själva tyg, deras närvaro känd men aldrig helt sedd.

The Streets of Stockholm

In the heart of Stockholm, where the narrow cobblestone streets wind their way through the city like veins coursing with life, lies a world of shadows and secrets hidden beneath the façade of grandeur and glamour. It is a place where the echoes of the past linger in the alleyways, where the scent of coffee mingles with the sharp tang of anticipation, and where the line between truth and fiction blurs with each passing moment.

Amidst the throngs of people that populate the bustling streets, there is a man named Erik, a figure shrouded in mystery and intrigue. Tall and lean, with eyes as dark as the night sky and a gaze that pierces through the layers of pretense, he moves through the city like a ghost, his footsteps silent against the cobblestones.

Erik is a man of few words, his silence a shield that protects him from the prying eyes and probing questions of those who seek to unravel the enigma of his past. He is a creature of the night, a shadow that flits between the neon lights and the looming shadows of the buildings, his presence felt but never fully seen.

One autumn evening, as the city lay shrouded in a cloak of darkness and the streets teemed with the hustle and bustle of life, Erik found himself drawn to the banks of the Riddarfjärden, where the waters shimmered in the moonlight like liquid silver. It was there, amidst the whispers of the wind and the lapping of the waves against the shore, that he encountered her.

Her name was Ingrid, a woman whose beauty was as striking as the flickering lights that danced upon the surface of the water. With her fiery red hair and eyes as green as the deepest forests of Sweden, she exuded a sense of vitality and passion that drew Erik to her like a moth to a flame. Ingrid was unlike anyone Erik had ever met, her laughter a melody that echoed through the night and her spirit a force of nature that defied all attempts to tame it. She was a free soul, unbound by the constraints of society and unafraid to chase after her dreams, no matter where they may lead.

As the days turned into weeks and the weeks into months, Erik found himself falling under Ingrid's spell, his heart opening up to emotions he had long thought buried beneath the surface. Together, they explored the hidden corners of Stockholm, their footsteps leaving behind traces of their presence like breadcrumbs in the dark.

But beneath the surface of their burgeoning romance lurked shadows of doubt and uncertainty, ghosts from Erik's past that threatened to tear them apart. He was a man haunted by demons he could not name, a past shrouded in secrecy and shame, and try as he might, he could not escape the specter of his own making.

One fateful night, as the city lay cloaked in the stillness of midnight and the stars blinked overhead like distant sentinels, Erik made a decision that would change the course of his life forever. With a heavy heart and a sense of resignation weighing upon his soul, he bid farewell to Ingrid, knowing that he could never be the man she needed him to be.

And so, as the first light of dawn broke over the rooftops of Stockholm, Erik disappeared into the shadows from whence he came, leaving behind nothing but memories and regrets in his wake. For in a city where truth is but a fleeting illusion and reality a fragile construct, some shadows are destined to remain forever hidden from the light.

And amidst the hustle and bustle of life, there are those who walk in the shadows, their stories woven into the very fabric of the city itself, their presence felt but never fully seen.

Skuggor i den natten

Natten omslöt Stockholm som en tjock filt, och svalde stadens livliga gator i mörker. Längs de kullerstensbelagda gränderna kastade gatlampornas sken långa skuggor och målade de gamla byggnaderna i en spöklik nyans. Det var en natt som alla andra, ändå lurade hemligheter inom skuggorna, redo att avtäckas.

I en svagt upplyst taverna i stadens utkant satt Johan Andersson med ett glas akvavit, hans väderbitna händer spårade glasets kant som om de sökte svar i dess bärnstensfärgade djup. Han var en man av få ord, hans tystnad ett sköld mot världens nyfikna ögon, ändå förrådde hans ögon en djup erfarenhet som motsade hans stoiska fasad.

Johan hade sett sin beskärda del av motgångar under sina femtio år på denna jord, från Östersjöns isande vindar till Saharaöknen blisterheta. Han hade rest långt och brett, sökt tröst i ensamheten i avlägsna länder, ändå oavsett hur långt han vandrade, kunde han aldrig undkomma sina egna spöken från det förflutna.

Det var en natt mycket lik denna, många år sedan, som Johan först såg henne. Hennes namn var Elsa, en syn av skönhet med ögon så blå som sommarhimlen och ett leende som kunde lysa upp även de mörkaste nätterna. Från det ögonblick deras blickar möttes över tavernans rökiga dimma visste Johan att hans liv aldrig skulle bli detsamma.

Under år var Johan och Elsa oskiljaktiga, deras kärlek som en låga som brann klart mot bakgrunden av deras stormiga värld. Tillsammans bemötte de livets stormar, deras hjärtan sammanflätade som rötterna till de gamla ekarna som prydde den svenska landsbygden.

Men ödet, som en grym mätress, hade andra planer för dem, och en ödesdiger natt försvann Elsa spårlöst, vilket lämnade Johan ensam att kämpa med skuggorna som plågade honom varje vaken stund. Under de följande åren sökte han envist efter något tecken på henne, hans sökande ledde honom längs farliga och mörka vägar, men slutade alltid i besvikelse.

Så, på denna speciella natt, fann Johan sig själv återigen dränkande sina sorger i tavernans svagt upplysta lokaler, hans tankar upptagna av minnen av kvinnan han hade älskat och förlorat. Men mitt bland rösternas sorl och klirrande glas, närmade sig en främling honom, hans ansikte dolt under brättade hattens kant.

"Du ser ut som en man i behov av en vän," sade främlingen, hans röst låg och gravelig.

Johan betraktade honom med en blandning av misstänksamhet och nyfikenhet, hans trötta ögon sökte igenom främlingens ansikte efter något tecken på svek. Men det var något i mannens uppträdande som berörde honom, en förståelse som överträffade ord.

"Vem är du?" frågade Johan, hans röst sträv av känslor.

Främlingen erbjöd honom ett litet leende, hans ögon gnistrande med en antydan till skoj. "Kalla mig Henrik," sade han och sträckte fram handen i hälsning.

Så, över glas av akvavit och viskade bekännelser, smidde Johan och Henrik en osannolik relation, deras delade smärta vävde en tråd av anknytning mellan dem som ingen kunde förneka. För Henrik bar också med sig en börda av förlust som tyngde tungt på hans själ, en förflutenhet som var inlindad i mysterium och ånger.

När natten led mot sitt slut och tavernan blev tyst, fann Johan sig själv öppna upp för Henrik på ett sätt han aldrig gjort med någon tidigare. Han talade om Elsa, om deras kärlek och tomheten som hade förtärt honom i hennes frånvaro. Och i Henriks lyssnande öra fann han tröst mitt bland skuggorna som förföljde hans varje steg.

Men det var inte bara Johan som öppnade sitt hjärta den natten, för Henrik delade också sin egen sorgsna berättelse, en historia om kärlek och svek som speglade Johans egen i dess djup av känslor och förtvivlan. Och medan de satt tillsammans i tavernans svaga ljus, deras röster blandade med nattens tysta brus, insåg de att de inte var så olika ändå.

För i Stockholm gatornas skuggor, mitt bland vindens viskningar och det avlägsna ekot från det förflutna, fann Johan och Henrik en andlig släkting i varandra, en bindning som överträffade tid och rum. Och när de skildes åt i de tidiga morgontimmarna, deras hjärtan lättare och deras bördor delade, visste de att de hade funnit i varandra en vän för livet.

När Johan gick genom de öde gatorna i Stockholm, den första gryningens ljus bröt över horisonten, kände han en känsla av fred skölja över honom som en mild tidvattenvåg. För i nattens mörker hade han funnit en glimt av hopp mitt bland skuggorna som hotade att förtära honom, en påminnelse om att även i de mörkaste tider finns det alltid ljus att finna för dem som är villiga att söka det.

Shadows in the Night

The night enveloped Stockholm like a thick blanket, swallowing the city's bustling streets in darkness. Along the cobblestone alleys, the glow of streetlights cast long shadows, painting the old buildings with an eerie hue. It was a night like any other, yet within the shadows lurked secrets waiting to be unearthed.

In a dimly lit tavern on the outskirts of the city, Johan Andersson nursed a glass of aquavit, his weathered hands tracing the rim as if searching for answers in its amber depths. He was a man of few words, his silence a shield against the prying eyes of the world, yet his eyes betrayed a depth of experience that belied his stoic facade.

Johan had seen his fair share of hardship in his fifty years on this earth, from the icy winds of the Baltic Sea to the blistering heat of the Sahara Desert. He had traveled far and wide, seeking solace in the solitude of distant lands, yet no matter how far he roamed, he could never escape the ghosts of his past.

It was on a night much like this one, many years ago, that Johan had first laid eyes on her. Her name was Elsa, a vision of beauty with eyes as blue as the summer sky and a smile that could light up even the darkest of nights. From the moment their eyes met across the smoky haze of the tavern, Johan knew that his life would never be the same.

For years, Johan and Elsa were inseparable, their love like a flame that burned bright against the backdrop of their tumultuous world. Together, they braved the storms of life, their hearts intertwined like the roots of the ancient oak trees that dotted the Swedish countryside.

But fate, like a cruel mistress, had other plans in store for them, and one fateful night, Elsa disappeared without a trace, leaving Johan alone to grapple with the shadows that haunted his every waking moment. In the years that followed, he searched tirelessly for any sign of her, his quest leading him down paths both perilous and dark, yet always ending in disappointment.

And so, on this particular night, Johan found himself once again drowning his sorrows in the dimly lit confines of the tavern, his thoughts consumed by memories of the woman he had loved and lost. But amidst the din of voices and clinking glasses, a stranger approached him, his face hidden beneath the brim of a battered fedora.

"You look like a man in need of a friend," the stranger said, his voice low and gravelly.

Johan regarded him with a mixture of suspicion and curiosity, his weary eyes searching the stranger's face for any sign of deceit. But there was something in the man's demeanor that struck a chord within him, a sense of understanding that transcended words.

"Who are you?" Johan asked, his voice gruff with emotion.

The stranger offered him a small smile, his eyes twinkling with a hint of mischief. "Call me Henrik," he said, extending a hand in greeting.

And so, over glasses of aquavit and whispered confessions, Johan and Henrik forged an unlikely bond, their shared pain weaving a thread of connection between them that neither could deny. For Henrik, like Johan, carried with him a burden of loss that weighed heavily upon his soul, a past shrouded in mystery and regret.

As the night wore on and the tavern grew quiet, Johan found himself opening up to Henrik in a way he had never done with anyone before. He spoke of Elsa, of their love and the emptiness that had consumed him in her absence. And in Henrik's listening ear, he found solace amidst the shadows that haunted his every step.

But it was not only Johan who bared his soul that night, for Henrik too shared his own tale of woe, a story of love and betrayal that mirrored Johan's own in its depth of emotion and despair. And as they sat together in the dim light of the tavern, their voices mingling with the quiet hum of the night, they realized that they were not so different after all.

For in the shadows of Stockholm's streets, amidst the whispers of the wind and the distant echoes of the past, Johan and Henrik found a kindred spirit in each other, a bond that transcended time and space. And as they parted ways in the early hours of the morning, their hearts lighter and their burdens shared, they knew that they had found in each other a friend for life.

As Johan made his way through the deserted streets of Stockholm, the first light of dawn breaking over the horizon, he felt a sense of peace wash over him like a gentle tide. For in the darkness of the night, he had found a glimmer of hope amidst the shadows that had threatened to consume him, a reminder that even in the darkest of times, there is always light to be found for those who are willing to seek it.

En resa över de svenska himlarna

Vägen sträckte sig framför honom som ett ändlöst band av asfalt, försvinnande bort i fjärran under den vida expanse av den svenska himlen. Johan Karlsson stod vid stadens kant, en ensam figur som silhuetterades mot det avtagande ljuset från den nedgående solen, hans ögon fixerade på horisonten med en känsla av rastlös längtan.

Johan var en man av vandringslust, hans ande obändig och hans hjärta längtande efter äventyr. Från den stund han kunde gå hade han känt lockelsen från den öppna vägen, som lockade honom att utforska världens gömda hörn och upptäcka de under som låg bortom gränserna för hans lilla stad.

Och så, en ljum sommarkväll, med inget annat än en ryggsäck slängd över axeln och en karta över Sverige i handen, begav sig Johan ut på en resa som skulle ta honom till landets mest avlägsna delar, hans enda följeslagare vinden i hans hår och stjärnorna på himlen.

Hans första stopp var den livfulla staden Göteborg, där gatorna pulserade av livets rytm och doften av salt låg i luften. Här, bland de livliga caféerna och marknadsplatserna, fann Johan sig själv svept in i en virvelvind av sevärdheter och ljud, hans sinnen levande av stadens energi. Men det dröjde inte länge förrän Johan blev rastlös igen, hans vandringslust drev honom allt längre i sökandet efter nya upplevelser och nya horisonter. Och så, med en snabb nick till staden som hade fångat hans hjärta, begav han sig iväg igen, hans fötter bar honom mot den vilda skönheten i den svenska landsbygden.

När han vandrade genom de rullande kullarna och grönskande dalarna i sitt hemland, kände Johan en frihetskänsla som ingenting han någonsin känt. Med varje passerad mil verkade världens tyngd lyfta från hans axlar, ersatt av en lättjefullhet som fyllde honom med en obeskrivlig glädje.

På vägen träffade Johan på en färgstark grupp av karaktärer, var och en med sina egna historier att berätta och sina egna drömmar att jaga. Från den gamle bonden som talade om landet med en vördnad som gränsade till dyrkan till den unga konstnären som målade världen med stänk av passion och fantasi, fann Johan inspiration i de människor han mötte och de platser han utforskade.

Men mitt bland skönheten och underverken i hans resa, fanns det skuggor av tvivel och osäkerhet, för Johan kunde inte skaka av sig känslan att något saknades, en del av sig själv som han ännu inte hade hittat. Och så, med varje passerande dag, pressade han sig själv hårdare, driven av en outtröttlig önskan att avslöja sanningen som dolde sig inom hans själ.

Det var en månbelyst natt, när Johan låg under stjärnorna i en äng av vildblommor, som han äntligen fann svaren han hade sökt efter. I nattens tystnad, med bara vindens sus och lövens prassel för sällskap, stängde han ögonen och lät sig själv driva ner i djupen av sitt eget sinne.

Och där, mitt bland de virvlande dimmorna i sitt undermedvetna, fann han henne: kvinnan som hade hemsökt hans drömmar sedan barndomen, den han hade älskat och förlorat i en tid långt bortglömd. Med en plötslig klarhet som tog hans andetag, insåg Johan att hans resa aldrig hade handlat om de platser han besökt eller de människor han mött, utan om resan inom sig själv.

Med nyfunnen mening brinnande i hans hjärta, begav sig Johan iväg igen, hans steg accelererande när han tog sig tillbaka till den stad han hade lämnat bakom sig. Och när han gick genom de bekanta gatorna, hans sinne i lågor med minnena av hans äventyr, visste han att han äntligen hade funnit det han hade sökt efter allt sedan.

A Journey Across the Swedish Skies

The road stretched out before him like an endless ribbon of asphalt, disappearing into the distance beneath the vast expanse of the Swedish sky. Johan Karlsson stood at the edge of town, a lone figure silhouetted against the fading light of the setting sun, his eyes fixed on the horizon with a sense of restless longing.

Johan was a man of wanderlust, his spirit untamed and his heart yearning for adventure. From the moment he could walk, he had felt the call of the open road, beckoning him to explore the hidden corners of the world and discover the wonders that lay beyond the confines of his small town. And so, on a balmy summer's eve, with nothing but a knapsack slung over his shoulder and a map of Sweden in hand, Johan set out on a journey that would take him to the farthest reaches of the country, his only companion the wind in his hair and the stars in the sky.

His first stop was the vibrant city of Gothenburg, where the streets pulsed with the rhythm of life and the scent of salt lingered in the air. Here, among the bustling cafes and lively marketplaces, Johan found himself swept up in a whirlwind of sights and sounds, his senses alive with the energy of the city.

But it was not long before Johan grew restless once more, his wanderlust driving him ever onward in search of new experiences and new horizons. And so, with a quick nod to the city that had captured his heart, he set off once more, his feet carrying him towards the wild beauty of the Swedish countryside.

As he journeyed through the rolling hills and verdant valleys of his homeland, Johan felt a sense of freedom unlike anything he had ever known. With each passing mile, the weight of the world seemed to lift from his shoulders, replaced by a lightness of being that filled him with an indescribable sense of joy.

Along the way, Johan encountered a colorful cast of characters, each with their own stories to tell and their own dreams to chase. From the old farmer who spoke of the land with a reverence bordering on worship to the young artist who painted the world with strokes of passion and imagination, Johan found inspiration in the people he met and the places he explored.

But amidst the beauty and wonder of his journey, there lingered shadows of doubt and uncertainty, for Johan could not shake the feeling that something was missing, a piece of himself that he had yet to find. And so, with each passing day, he pushed himself harder, driven by a relentless desire to uncover the truth that lay hidden within his soul.

It was on a moonlit night, as Johan lay beneath the stars in a field of wildflowers, that he finally found the answers he had been searching for. In the silence of the night, with only the sound of the wind and the rustling of the leaves to keep him company, he closed his eyes and let himself drift into the depths of his own mind.

And there, amidst the swirling mists of his subconscious, he found her: the woman who had haunted his dreams since childhood, the one he had loved and lost in a time long forgotten. With a sudden clarity that took his breath away, Johan realized that his journey had never been about the places he visited or the people he met, but about the journey within himself.

With newfound purpose burning in his heart, Johan set out once more, his steps quickening as he made his way back to the town he had left behind. And as he walked through the familiar streets, his mind ablaze with the memories of his adventures, he knew that he had finally found what he had been searching for all along.

En berättelse om kärlek och förlust

I Stockholms hjärta, bodde en kvinna vid namn Amelie. Med sitt mörka hår som kaskaderade i vågor runt hennes axlar och ögon som glittrade som safirer i solskenet, var hon en syn av skönhet mitt i stadens liv och rörelse.

Amelie var en kvinna av mystik, hennes närvaro gåtfull och hennes förflutna insvept i hemligheter. Hon rörde sig genom gatorna med en luft av grace och värdighet, hennes varje steg en dans och hennes varje ord en melodi som låg kvar i luften långt efter att hon hade passerat.

Men under fernissan av sofistikering och charm bar Amelie en börda som tungt tyngde på hennes själ. För hon var en kvinna hemsökt av sina förflutnas spöken, ett förflutet fyllt av hjärtesorg och förlust, och försöka så mycket hon ville, kunde hon inte undkomma skuggorna som lurade i hörnen av hennes sinne.

Det var en regnig eftermiddag, med himlen mörk och hotande ovanför, som Amelie först fick syn på honom. Hans namn var Henrik, en man av tyst styrka och en sorg som tycktes följa honom vart han än gick. Med sina robusta drag och en blick som genomborrade hennes försvarslager, fångade han henne som ingen annan hade gjort.

Från den stunden var Amelie och Henrik oskiljaktiga, deras liv sammanflätade som det murgröna som prydde Stockholms gamla byggnader. Tillsammans utforskade de stadens gömda hörn, deras steg ekade genom de tomma gränderna när de dansade under månens ljus.

Men mitt bland passionen och längtan fanns skuggor av tvivel och osäkerhet, för Henrik bar med sig en hemlighet som hotade att skilja dem åt. Han var en man hemsökt av demoner han inte kunde namnge, ett förflutet insvept i mörker och ånger, och försöka så mycket han ville, kunde han inte undkomma spöket av sin egen skapelse.

När dagarna övergick i veckor och veckorna övergick i månader, växte Amelie och Henriks kärlek starkare för varje dag som gick, ändå hängde Henrik hemlighet tungt mellan dem som en moln på en stormig dag. Och när de dansade på gränsen till glömska, deras hjärtan sammanflätade i en delikat balans av önskan och förtvivlan, visste de att deras kärlek skulle testas som aldrig förr.

Det var en krispig höstmorgon, med löven som förvandlades till guld och rött under den klara blå himlen, som Henrik äntligen avslöjade sanningen som hade tyngt på hans själ. Med tårar i ögonen och en darrning i rösten talade han om en kärlek förlorad till tidens härjningar, om en kvinna vars minne hemsökte honom som ett spöke på natten, och om ett löfte givet i den blekande ljuset av en sommarkväll.

Rörd av hans bekännelse, sträckte Amelie ut sin hand till Henrik, hennes hand en livlina i mörkret som hotade att förtära honom. Och när de stod tillsammans under trädkronorna, deras hjärtan blottade och deras själar sammanflätade, visste de att deras kärlek var starkare än skuggorna som hade hotat att skilja dem åt.

För i Stockholms hjärta, där de kullerstensbelagda gatorna slingrar sig genom ett labyrint av gränder och gamla byggnader, fann Amelie och Henrik tröst mitt i skuggorna som låg i hörnen av deras hjärtan. Och när de omfamnade varandra under höstens solsken, visste de att deras kärlek skulle bestå, en fyr av hopp mitt i mörkret som hotade att förtära dem båda.

A Tale of Love and Loss

In the heart of Stockholm, there lived a woman named Amelie. With her dark hair cascading in waves around her shoulders and eyes that sparkled like sapphires in the sunlight, she was a vision of beauty amidst the hustle and bustle of the city.

Amelie was a woman of mystery, her presence enigmatic and her past shrouded in secrecy. She moved through the streets with an air of grace and poise, her every step a dance and her every word a melody that lingered in the air long after she had passed by.

But beneath the veneer of sophistication and charm, Amelie carried a burden that weighed heavily upon her soul. For she was a woman haunted by the ghosts of her past, a past filled with heartache and loss, and try as she might, she could not escape the shadows that lurked in the corners of her mind.

It was on a rainy afternoon, with the sky dark and brooding overhead, that Amelie first laid eyes on him. His name was Henrik, a man of quiet strength and a sadness that seemed to follow him wherever he went. With his rugged features and a gaze that pierced through the layers of her defenses, he captivated her like no one else ever had.

From that moment on, Amelie and Henrik were inseparable, their lives intertwined like the ivy that adorned the ancient buildings of Stockholm. Together, they explored the hidden corners of the city, their footsteps echoing through the empty alleyways as they danced beneath the light of the moon.

But amidst the passion and the longing, there lingered shadows of doubt and uncertainty, for Henrik carried with him a secret that threatened to tear them apart. He was a man haunted by demons he could not name, a past shrouded in darkness and regret, and try as he might, he could not escape the specter of his own making.

As the days turned into weeks and the weeks into months, Amelie and Henrik's love grew stronger with each passing day, yet the weight of Henrik's secret hung heavy between them like a cloud on a stormy day. And as they danced on the edge of oblivion, their hearts entwined in a delicate balance of desire and despair, they knew that their love would be tested like never before.

It was on a crisp autumn morning, with the leaves turning gold and red beneath the clear blue sky, that Henrik finally revealed the truth that had been weighing upon his soul. With tears in his eyes and a tremble in his voice, he spoke of a love lost to the ravages of time, of a woman whose memory haunted him like a ghost in the night, and of a promise made in the fading light of a summer's eve.

Moved by his confession, Amelie reached out to Henrik, her hand a lifeline in the darkness that threatened to consume him. And as they stood together beneath the canopy of trees, their hearts laid bare and their souls intertwined, they knew that their love was stronger than the shadows that had threatened to tear them apart.

For in the heart of Stockholm, where the cobblestone streets wind their way through a labyrinth of alleyways and ancient buildings, Amelie and Henrik found solace amidst the shadows that lingered in the corners of their hearts. And as they embraced beneath the golden light of the autumn sun, they knew that their love would endure, a beacon of hope amidst the darkness that threatened to engulf them both.

Den Förtrollade Trädgården i Stockholm

I den livliga staden Stockholm, där gatorna susade med livets rytm och luften var tjock av äventyrets doft, låg en gömd pärla känd endast av ett utvalt fåtal. Gömd bland de höga byggnaderna och livliga genomfarterna fanns en förtrollad trädgård, en hemlig oas av skönhet och förundran mitt i den urbana kaoset.

I hjärtat av denna magiska fristad bodde en kvinna vid namn Linnea. Med sitt vilda lockiga hår och ögon som skimrade av outtalade hemligheter var hon en väktare av trädgården, en förvarare av dess mysterier och dess skatter. Från gryning till skymning skötte hon blommorna som blommade i upprorisk överflöd, deras kronblad vecklades ut som hemligheter viskade på vinden.

Men mitt i trädgårdens skönhet låg skuggor av tvivel och osäkerhet, för Linnea bar på en börda som tyngde hennes själ. I åratal hade hon skött trädgården ensam, hennes enda sällskap blommorna och varelserna som kallade den sitt hem. Ändå längst inne i hennes hjärta längtade hon efter något mer, en koppling till världen utanför trädgårdens murar.

Det var en varm sommardag, med solen som kastade fläckvisa skuggor på marken och doften av jasmin som hängde tungt i luften, som Linnea för första gången fick syn på honom. Hans namn var Anders, en man av stilla styrka och en mild själ, hans närvaro ett tröstens balsam för hennes trötta själ.

Anders var konstnär, hans händer kapabla att väva magi från de enklaste materialen. Med varje penseldrag andades han liv i duken, hans målningar en spegling av skönheten och underverket i världen omkring honom. Och när han vandrade genom trädgården, med ögonen lystrande av förundran, visste Linnea att hon hade funnit i honom en själsfrände, en följeslagare att dela i hemligheterna i den förtrollade fristaden.

Tillsammans utforskade Linnea och Anders varje hörn av trädgården, deras skratt blandat med det mjuka suset av löv och den avlägsna susningen från staden bortom. De dansade bland blommorna, deras fotspår lämnade spår av färg efter sig, och viskade hemligheter till fjärilarna som fladdrade genom luften som levande juveler.

Men mitt i glädjen och förundran låg skuggor av tvivel och osäkerhet, för Linnea fruktade att trädgårdens magi snart skulle blekna, och lämna dem strandsatta i en värld som inte längre höll någon förundran. Och så, med varje passerande dag, skötte hon blommorna med förnyad iver, hennes hjärta tungt av den framtida tyngden som ännu inte kommit.

Det var en månskensnatt, med stjärnorna som gnistrade ovanför som diamanter utspridda över himlen, som Linnea och Anders avlade ett löfte. Hand i hand stod de mitt bland blommorna som blommade i upprorisk överflöd, deras röster en mjuk susning i nattens stillhet.

"Vi ska skydda den här trädgården med hela våra hjärtan," viskade Linnea, hennes ögon lystrande av beslutsamhet. "Vi ska se till att dess magi lever vidare för kommande generationer."

Anders nickade instämmande, hans blick orubblig. "Tillsammans ska vi skapa en fristad av skönhet och förundran, en plats där drömmar kan blomstra och hjärtan kan sväva."

Och så, med sitt löfte talat in i natten, gav sig Linnea och Anders iväg på sitt uppdrag med förnyad kraft, deras händer arbetade i harmoni för att sköta om den trädgård de älskade så djupt. Och när årstiderna vände och åren gick, blommade den förtrollade trädgården i Stockholm med en skönhet som var oslagbar, dess magi uthärdande genom tidens prövningar och lidanden.

The Enchanted Garden of Stockholm

In the bustling city of Stockholm, where the streets hummed with the rhythm of life and the air was thick with the scent of adventure, there lay a hidden gem known only to a select few. Tucked away amidst the towering buildings and bustling thoroughfares was an enchanted garden, a secret oasis of beauty and wonder amidst the urban chaos.

At the heart of this magical sanctuary lived a woman named Linnea. With her wild mane of curls and eyes that shimmered with secrets untold, she was a guardian of the garden, a keeper of its mysteries and its treasures. From dawn till dusk, she tended to the flowers that bloomed in riotous profusion, their petals unfurling like secrets whispered on the wind.

But amidst the beauty of the garden, there lingered shadows of doubt and uncertainty, for Linnea carried with her a burden that weighed heavy upon her soul. For years, she had tended to the garden alone, her only companions the flowers and the creatures that called it home. Yet deep within her heart, she longed for something more, a connection to the world beyond the garden walls.

It was on a warm summer's day, with the sun casting dappled shadows upon the earth and the scent of jasmine hanging heavy in the air, that Linnea first laid eyes on him. His name was Anders, a man of quiet strength and a gentle spirit, his presence a balm to her weary soul.

Anders was an artist, his hands capable of weaving magic from the simplest of materials. With each stroke of his brush, he breathed life into the canvas, his paintings a reflection of the beauty and the wonder of the world around him. And as he wandered through the garden, his eyes alight with wonder, Linnea knew that she had found in him a kindred spirit, a companion to share in the secrets of the enchanted sanctuary.

Together, Linnea and Anders explored every corner of the garden, their laughter mingling with the gentle rustle of leaves and the distant murmur of the city beyond. They danced amidst the flowers, their footsteps leaving trails of color in their wake, and whispered secrets to the butterflies that flitted through the air like living jewels.

But amidst the joy and the wonder, there lingered shadows of doubt and uncertainty, for Linnea feared that the magic of the garden would soon fade, leaving them stranded in a world that no longer held any wonder. And so, with each passing day, she tended to the flowers with renewed fervor, her heart heavy with the weight of the future yet to come.

It was on a moonlit night, with the stars twinkling overhead like diamonds scattered across the sky, that Linnea and Anders made a solemn vow. Hand in hand, they stood amidst the flowers that bloomed in riotous profusion, their voices a soft murmur in the stillness of the night.

"We will protect this garden with all our hearts," Linnea whispered, her eyes alight with determination. "We will ensure that its magic lives on for generations to come."

Anders nodded in agreement, his gaze unwavering. "Together, we will create a sanctuary of beauty and wonder, a place where dreams can flourish and hearts can soar."

And so, with their vow spoken into the night, Linnea and Anders set about their task with renewed vigor, their hands working in harmony to tend to the garden they loved so dearly. And as the seasons turned and the years passed by, the enchanted garden of Stockholm bloomed with a beauty that was unmatched, its magic enduring through the trials and tribulations of time.

Lars och Ingrids Missöden

I en pittoresk by i Småland, gömd bland de måleriska landskapen i södra Sverige, bodde två osannolika kamrater vid namn Lars och Ingrid. Lars var en lång, klumpig individ med en förkärlek för att hamna i kladdiga situationer, medan Ingrid var en liten, ingen-nonsens kvinna med ett hjärta av guld och en vass kvickhet som matchade.

Deras äventyr började en kylig höstmorgon när Lars, i sin outtömliga visdom, beslutade att det var hög tid att förverkliga sin livslånga dröm om att bli mästerkock. Beväpnad med ett recept på köttbullar, begav sig Lars ut för att samla de nödvändiga ingredienserna från den lokala marknaden, medan Ingrid motvilligt gick med på att följa med honom på hans kulinariska quest.

När de begav sig genom den livliga marknaden kände Lars ingen gräns för sin entusiasm, hans ögon strålande av spänning vid tanken på att skapa den perfekta köttbullen. Ingrid å andra sidan kunde bara skaka på huvudet med förnöjsamhet när Lars tumlade sig från stånd till stånd, och lämnade kaos i sitt spår.

Men mitt i kaoset snubblade Lars och Ingrid över en märklig syn: ett stånd som sålde de mest märkliga ingredienserna, inklusive sällsynta kryddor och exotiska frukter från avlägsna länder. Nyfiken av det stora utbudet insisterade Lars på att köpa lite av allt, mycket till Ingrids förtret. Med armarna fulla av påsar med ingredienser och deras fickor betydligt lättare, återvände Lars och Ingrid till sin pittoreska stuga i utkanten av byn, redo att ge sig ut på sitt kulinariska äventyr. Men de visste inte att deras missöden bara hade börjat.

När Lars satte igång med att förbereda köttbullarna insåg han snabbt att han hade glömt att läsa receptet ordentligt, vilket resulterade i en blandning som hade lite likhet med den traditionella rätten. Obesviken fortsatte Lars, och tillsatte en nypa av det och en skvätt av det i ett desperat försök att rädda sin skapelse.

Samtidigt såg Ingrid från sidlinjen, hennes skepticism växte för varje passerande ögonblick. Men när Lars av misstag förväxlade ett glas chilipulver med peppar och fortsatte att hälla hela innehållet i mixen visste Ingrid att katastrofen var oundviklig.

Säkert nog, när Lars stolt presenterade sitt mästerverk för Ingrid, var doften ensam tillräcklig för att få henne att springa för sina liv. Obesviken av hennes reaktion tog Lars en hjärtlig tugga av köttbullen, bara för att spotta ut den i avsmak när det hetaste av chilipulvret överväldigade hans smaklökar.

Med deras kulinariska drömmar i spillror och deras stuga fylld av den sura doften av brända köttbullar kunde Lars och Ingrid bara skratta åt absurditeten i sin situation. Och när de satt tillsammans mitt i kaoset, deras skratt ekande genom takbjälkarna, insåg de att ibland är det missöden som förenar oss närmare än något annat.

Från och med den dagen blev Lars och Ingrids missöden till legend i byn i Småland, deras hyss som tillhandahöll oändlig underhållning för byborna och gav dem ett rykte som det mest osannolika duon i hela Sverige. Och även om deras kulinariska ambitioner kanske har fallit vid vägen så visste Lars och Ingrid att så länge de hade varandra skulle deras äventyr aldrig komma till ett verkligt slut.

The Misadventures of Lars and Ingrid

In a quaint village in Småland, nestled amidst the picturesque landscapes of southern Sweden, there lived two unlikely companions named Lars and Ingrid. Lars was a tall, bumbling fellow with a penchant for getting into sticky situations, while Ingrid was a petite, no-nonsense woman with a heart of gold and a sharp wit to match.

Their adventures began one crisp autumn morning when Lars, in his infinite wisdom, decided it was high time to fulfill his lifelong dream of becoming a master chef. Armed with a recipe for meatballs, Lars set out to gather the necessary ingredients from the local market, with Ingrid reluctantly agreeing to accompany him on his culinary quest.

As they made their way through the bustling marketplace, Lars's enthusiasm knew no bounds, his eyes alight with excitement at the prospect of creating the perfect meatball. Ingrid, on the other hand, could only shake her head in amusement as Lars bumbled his way from stall to stall, leaving chaos in his wake.

But amidst the chaos, Lars and Ingrid stumbled upon a curious sight: a stall selling the most peculiar of ingredients, including rare spices and exotic fruits from far-off lands. Intrigued by the array of offerings, Lars insisted on purchasing a little bit of everything, much to Ingrid's chagrin. With their arms laden with bags of ingredients and their pockets considerably lighter, Lars and Ingrid returned to their quaint cottage on the outskirts the village, ready to embark on their culinary adventure. But little did they know that their misadventures were only just beginning.

As Lars set about preparing the meatballs, he quickly realized that he had forgotten to read the recipe properly, resulting in a concoction that bore little resemblance to the traditional dish. Undeterred, Lars pressed on, adding a pinch of this and a dash of that in a desperate attempt to salvage his creation.

Meanwhile, Ingrid watched from the sidelines, her skepticism growing with each passing moment. But when Lars accidentally mistook a jar of chili powder for pepper and proceeded to dump the entire contents into the mix, Ingrid knew that disaster was imminent.

Sure enough, when Lars proudly presented his masterpiece to Ingrid, the smell alone was enough to send her running for the hills. Undeterred by her reaction, Lars took a hearty bite of the meatball, only to spit it out in disgust as the fiery heat of the chili powder overwhelmed his taste buds. With their culinary dreams in tatters and their cottage filled with the acrid scent of burnt meatballs, Lars and Ingrid could only laugh at the absurdity of their situation. And as they sat together amidst the chaos, their laughter echoing through the rafters, they realized that sometimes, it's the misadventures that bring us closer together than anything else.

From that day forth, Lars and Ingrid's misadventures became the stuff of legend in the village in Småland, their antics providing endless entertainment for the villagers and earning them a reputation as the most unlikely duo in all of Sweden. And though their culinary aspirations may have fallen by the wayside, Lars and Ingrid knew that as long as they had each other, their adventures would never truly come to an end.

Den Sjungande Trädet

En gång i tiden, i en liten by gömd bland de rullande kullarna i Sverige, stod ett märkligt träd känt vida omkring som "Den Sjungande Trädet". Legenderna sa att detta träd hade en magisk gåva: varje natt vid tolvslaget skulle det bryta ut i sång och fylla luften med melodier så förtrollande att till och med stjärnorna skulle stanna upp för att lyssna.

Byborna skulle samlas under dess grenar, deras ansikten glödande av förundran och förväntan, medan de väntade på att det nattliga konsert skulle börja. Barnen skulle dansa i cirklar runt trädet, deras skratt blandandes med de söta tonerna av musik som fyllde nattluften, medan de vuxna tittade på med leenden av ren glädje.

Bland byborna fanns en ung flicka vid namn Astrid, vars kärlek till musik rivaliserade även med Den Sjungande Trädet självt. Från den stunden hon kunde gå hade Astrid dragits till melodierna som dansade på vinden, hennes hjärta svävande med varje ton som berörde hennes själ.

Men Astrid bar på en hemlighet som ingen i byn visste: hon längtade efter att sjunga bredvid Den Sjungande Trädet, att låna sin röst till dess förtrollande kör och bli en del av dess magiska melodi. Natt efter natt skulle hon smyga ut från sin stuga och smyga in i skogen, hennes hjärta bultande av spänning när hon närmade sig det heliga trädet.

En ödesdiger natt, när klockan slog tolv och byborna samlades under grenarna av Den Sjungande Trädet, tog Astrid ett djupt andetag och tog ett steg framåt. Med darrande händer höjde hon sin röst i sång, hennes klara sopran blandades sömlöst med träets ettriga melodi.

Till hennes förvåning svarade trädet på hennes röst, dess grenar svajande i takt med musiken som om de dirigerade ett osynligt orkester. Byborna gapade av förundran när de såg spektaklet utfalla framför sina ögon, deras hjärtan fyllda av undran vid synen av Astrid som sjöng bredvid det legendariska trädet.

Från den natten blev Astrid känd som "Den Sjungande Flickan," hennes röst vävde sig in i tyget av byns nattliga konsert. Folk reste från när och fjärran för att höra henne sjunga, deras hjärtan lyfta av skönheten i hennes röst och magin från Den Sjungande Trädet.

Men när åren gick och Astrid blev äldre, började hon märka en förändring i trädets sång. Där det en gång hade varit fyllt av glädje och skratt, fanns nu en ton av sorg som låg under ytan, som en skugga kastad över en solig dag.

Besluten att avslöja sanningen bakom trädets melankoliska melodi, gav sig Astrid ut på ett uppdrag för att avslöja mysteriet bakom dess sång. Beväpnad endast med sitt mod och sin kärlek till musik, vågade hon djupt in i skogens hjärta, följande stigen som ledde till träets uråldriga rötter.

När hon vandrade djupare in i skogen, stötte Astrid på alla möjliga varelser, från busiga älvor till visa gamla ugglor, var och en med sin egen historia att berätta om Den Sjungande Trädets förflutna. Men det var inte förrän hon nådde själva skogens hjärta som hon upptäckte sanningen bakom dess sorgsna sång.

För gömd bland rötterna av Den Sjungande Trädet låg en glömd skatt: en gyllene harpa, dess strängar mattade med ålder och försummelse. Astrid sträckte ut sin hand och plockade en ackord, och till hennes förvåning förändrades trädets sång en gång till, dess melodi nu fylld med hopp och längtan.

Med tårar i ögonen insåg Astrid att harpan höll nyckeln för att låsa upp trädets sanna potential, för att frigöra magin som vilade inom dess uråldriga grenar. Och så, med en nyfunnen känsla av syfte, började hon återställa harpan till dess forna glans, hennes fingrar dansande över dess strängar med en skicklighet som verkade nästan överjordisk.

När de första strålarna av gryningen bröt över horisonten och byborna åter samlades under grenarna av Den Sjungande Trädet, möttes de av en syn mer magisk än något de någonsin hade sett. För där, stående bredvid trädet med den gyllene harpan vagt i sina armar, var Astrid, hennes röst klingade som en klocka i den friska morgonluften.

Och när hon sjöng, svarade trädet i samma stil, dess grenar svajade i takt med musiken som om de utförde en dans av ren glädje. Byborna tittade i förundran när Astrid och Den Sjungande Trädet fyllde luften med sina vackra melodier, deras hjärtan lyfta av musikens magi och kärlekens kraft. Från den dagen och framåt, sjöng Den Sjungande Trädet starkare och tydligare än någonsin tidigare, dess melodi ekande genom skogen och bortom, rörande hjärtan av alla som hörde det.

The Singing Tree

Once upon a time, in a small village nestled among the rolling hills of Sweden, there stood a peculiar tree known far and wide as "The Singing Tree." Legend had it that this tree possessed a magical gift: every night at the stroke of midnight, it would burst into song, filling the air with melodies so enchanting that even the stars would stop to listen.

The villagers would gather beneath its branches, their faces aglow with wonder and anticipation, as they waited for the nightly concert to begin. Children would dance in circles around the tree, their laughter mingling with the sweet strains of music that filled the night air, while the adults looked on with smiles of pure delight.

Among the villagers was a young girl named Astrid, whose love for music rivaled even that of the Singing Tree itself. From the moment she could walk, Astrid had been drawn to the melodies that danced upon the breeze, her heart soaring with each note that touched her soul.

But Astrid harbored a secret that no one in the village knew: she longed to sing alongside the Singing Tree, to lend her voice to its enchanting chorus and become a part of its magical melody. Night after night, she would sneak out of her cottage and tiptoe into the forest, her heart pounding with excitement as she approached the sacred tree.

One fateful night, as the clock struck midnight and the villagers gathered beneath the branches of the Singing Tree, Astrid took a deep breath and stepped forward. With trembling hands, she raised her voice in song, her clear soprano blending seamlessly with the tree's ethereal melody.

To her amazement, the tree responded to her voice, its branches swaying in time with the music as if conducting an invisible orchestra. The villagers gasped in awe as they watched the spectacle unfold before their eyes, their hearts filled with wonder at the sight of Astrid singing alongside the legendary tree.

From that night on, Astrid became known as the "Singing Maiden," her voice weaving its way into the fabric of the village's nightly concert. People traveled from far and wide to hear her sing, their hearts lifted by the beauty of her voice and the magic of the Singing Tree.

But as the years passed and Astrid grew older, she began to notice a change in the tree's song. Where once it had been filled with joy and laughter, now there was a note of sadness that lingered beneath the surface, like a shadow cast upon a sunny day.

Determined to uncover the truth behind the tree's melancholy melody, Astrid set out on a quest to unravel the mystery of its song. Armed with nothing but her courage and her love for music, she ventured deep into the heart of the forest, following the path that led to the tree's ancient roots.

As she journeyed deeper into the forest, Astrid encountered all manner of creatures, from mischievous elves to wise old owls, each with their own tale to tell of the Singing Tree's past. But it was not until she reached the very heart of the forest that she discovered the truth behind its sorrowful song.

For hidden among the roots of the Singing Tree lay a forgotten treasure: a golden harp, its strings tarnished with age and neglect. Astrid reached out and plucked a chord, and to her amazement, the tree's song changed once more, its melody now filled with hope and longing.

With tears in her eyes, Astrid realized that the harp held the key to unlocking the tree's true potential, to unleashing the magic that lay dormant within its ancient branches. And so, with a newfound sense of purpose, she set about restoring the harp to its former glory, her fingers dancing across its strings with a skill that seemed almost otherworldly.

As the first rays of dawn broke over the horizon and the villagers gathered once more beneath the branches of the Singing Tree, they were greeted by a sight more magical than any they had ever seen. For there, standing beside the tree with the golden harp cradled in her arms, was Astrid, her voice ringing out like a bell in the crisp morning air.

And as she sang, the tree responded in kind, its branches swaying in time with the music as if performing a dance of pure joy. The villagers watched in awe as Astrid and the Singing Tree filled the air with their beautiful melodies, their hearts lifted by the magic of music and the power of love. From that day forth, the Singing Tree's song rang out louder and clearer than ever before, its melody echoing through the forest and beyond, touching the hearts of all who heard it.

En Svensk Kärlekshistoria

Det var aftonen före midsommar i den pittoreska byn Midsommarbyn, där solen hängde lågt på himlen och lyste upp den idylliska landsbygden med ett gyllene sken. I byns torg stod en majstång stolt och hög, smyckad med blommor och band i levande färger av rött och gult.

Mitt i festligheterna vandrade en ung kvinna vid namn Sofia genom den livliga folkmassan, hennes ögon glimmande av spänning och förväntan. Hon hade alltid älskat midsommar, med dess traditioner av dans, sång och firande av årets längsta dag. Men i år kändes det annorlunda på något sätt, som om säsongens magi höll något speciellt i beredskap för henne.

När Sofia gick genom byns torg fick hon syn på en stilig främling på andra sidan. Hans namn var Erik, en resande som passerade genom Midsommarbyn på sin väg för att utforska den svenska landsbygden. Med sitt rufsiga blonda hår och genomträngande blå ögon stack han ut i folkmassan som en fyr på en mörk natt.

Deras ögon möttes vid majstången, och Sofia kände hur hennes hjärta hoppade till när ett leende spred sig över Eriks ansikte. I den stunden visste hon att hon var tvungen att lära känna honom, att upptäcka de hemligheter som dolde sig bakom dessa fängslande ögon.

Med en känsla av fjärilar i magen närmande sig Sofia Erik, hennes steg tveksamma men fyllda med beslutsamhet. Till hennes lättnad hälsade han henne med ett varmt leende och en gnista i ögat, som om han hade väntat på att hon skulle dyka upp hela tiden.

"Hej där," sade han, hans röst mjuk och inbjudande. "Jag är Erik. Och du är?"

"Sofia," svarade hon, hennes kinder rodnande. "Det är trevligt att träffa dig, Erik."

Och så började en stormig romans som skulle förändra båda deras liv för alltid. Under kvällens lopp dansade Sofia och Erik under stjärnorna, deras skratt blandades med musiken från byns orkester när de snurrade och virvlade i varandras armar.

När natten gick och festligheterna nådde sin höjdpunkt, fann sig Sofia och Erik dragna till en avskild lund på byns utkant. Där, under trädkronornas tak och månens mjuka sken, delade de sina förhoppningar och drömmar, deras rädslor och aspirationer, deras hjärtan öppna och sårbara i varandras närvaro.

Det var i den stunden, bland vindens viskningar och lövens prasslande, som Sofia insåg att hon hade funnit sin själsfrände i Erik. Han var allt hon någonsin hade hoppats på i en partner: snäll, medkännande och starkt lojal, med en livslust som matchade hennes egen.

Och när de såg in i varandras ögon, deras händer flätade samman som grenarna ovanför, visste de att deras kärlek var ödesbestämd att stå tidens prövningar. För i midsommarens magi, mitt i den svenska landsbygdens skönhet, hade Sofia och Erik funnit en kärlek som skulle vara för evigt.

När den första morgonens ljus bröt över horisonten och byn Midsommarbyn sov fridfullt nedanför, delade Sofia och Erik en öm kyss under majstångens grenar. Och när de gick hand i hand genom de tysta gatorna, deras hjärtan fyllda av kärlek och hopp för framtiden, visste de att de hade funnit i varandra en kärlek som verkligen var magisk.

A Swedish Love Story

It was the eve of Midsummer in the quaint village of Midsommarbyn, where the sun hung low in the sky, casting a golden glow over the idyllic countryside. In the heart of the village square, a maypole stood tall and proud, adorned with flowers and ribbons in vibrant shades of red and yellow.

Amidst the festivities, a young woman named Sofia wandered through the bustling crowds, her eyes alight with excitement and anticipation. She had always loved Midsummer, with its traditions of dancing, singing, and celebrating the longest day of the year. But this year felt different somehow, as if the magic of the season held something special in store for her.

As Sofia made her way through the village square, she caught sight of a handsome stranger across the way. His name was Erik, a traveler passing through Midsommarbyn on his way to explore the beauty of the Swedish countryside. With his tousled blonde hair and piercing blue eyes, he stood out amidst the crowd like a beacon of light on a dark night.

Their eyes met across the maypole, and Sofia felt her heart skip a beat as a smile spread across Erik's face. In that moment, she knew that she had to get to know him, to discover the secrets that lay hidden behind those captivating eyes.

With a flutter of nerves in her stomach, Sofia approached Erik, her steps tentative yet filled with determination. To her relief, he greeted her with a warm smile and a twinkle in his eye, as if he had been waiting for her to appear all along.

"Hello there," he said, his voice soft and inviting. "I'm Erik. And you are?"

"Sofia," she replied, her cheeks flushing with color. "It's nice to meet you, Erik."

And so began a whirlwind romance that would change both of their lives forever. Over the course of the evening, Sofia and Erik danced beneath the stars, their laughter mingling with the music of the village band as they twirled and spun in each other's arms.

As the night wore on and the festivities reached their peak, Sofia and Erik found themselves drawn to a secluded grove on the outskirts of the village. There, beneath the canopy of trees and the soft glow of the moon, they shared their hopes and dreams, their fears and aspirations, their hearts open and vulnerable in the warmth of each other's presence.

It was in that moment, amidst the whispers of the wind and the rustling of the leaves, that Sofia realized she had found her soulmate in Erik. He was everything she had ever hoped for in a partner: kind, compassionate, and fiercely loyal, with a zest for life that matched her own.

And as they gazed into each other's eyes, their hands intertwined like the branches of the trees above, they knew that their love was destined to stand the test of time. For in the magic of Midsummer, amidst the beauty of the Swedish countryside, Sofia and Erik had found a love that would last a lifetime.

As the first light of dawn broke over the horizon and the village of Midsommarbyn slept peacefully below, Sofia and Erik shared a tender kiss beneath the branches of the maypole. And as they walked hand in hand through the quiet streets, their hearts full of love and hope for the future, they knew that they had found in each other a love that was truly magical.